My First French Word Book

Introduction

Why should I learn another language?

Different people in different countries speak many many different languages. Nobody can speak them all, but many clever people can speak a few. Learning a new language other than your mother-tongue (the language spoken by your parents or carers in your own home) will not only be very useful to you, but it can be enormous fun. It will help you to communicate with people from other countries, so you can make friends, buy things in shops, ask directions, read books and watch films in another language. The best thing about it is that children are much better at learning new languages than adults are, so it's a chance to show how clever you are, too!

Before you start…. Some things you need to know about the French language.

French nouns (objects) are either male or female. This means that when we would use 'a' or 'the' before a noun there are different versions depending on whether the following noun is male or female. For instance 'the' in French is either 'le' (for male nouns) or 'la' (female nouns). The French for 'a' is either 'un' (male) or 'une' (female). So, when you see either 'le' or 'un' before a word, you know that that word is male. When you see either 'la' or 'une' you know that it is female.

Sometimes the 'le' or 'la' are shortened. This happens when the noun starts with a vowel (a,e,i,o,u) or before some words that start with an 'h'. For example, the French word for 'school' is 'école'. 'The school' would be 'l'école'.

Words which are plural (more than one object, such as 'cats') have 'les' instead of 'le' or 'la'.

At the back of the book we have listed all the words and what they mean in English. Here, we also give a simple guide to pronunciation.

Don't worry if this seems complicated – the most important thing is to learn the names of the words themselves. Have fun!

Counting to Twenty

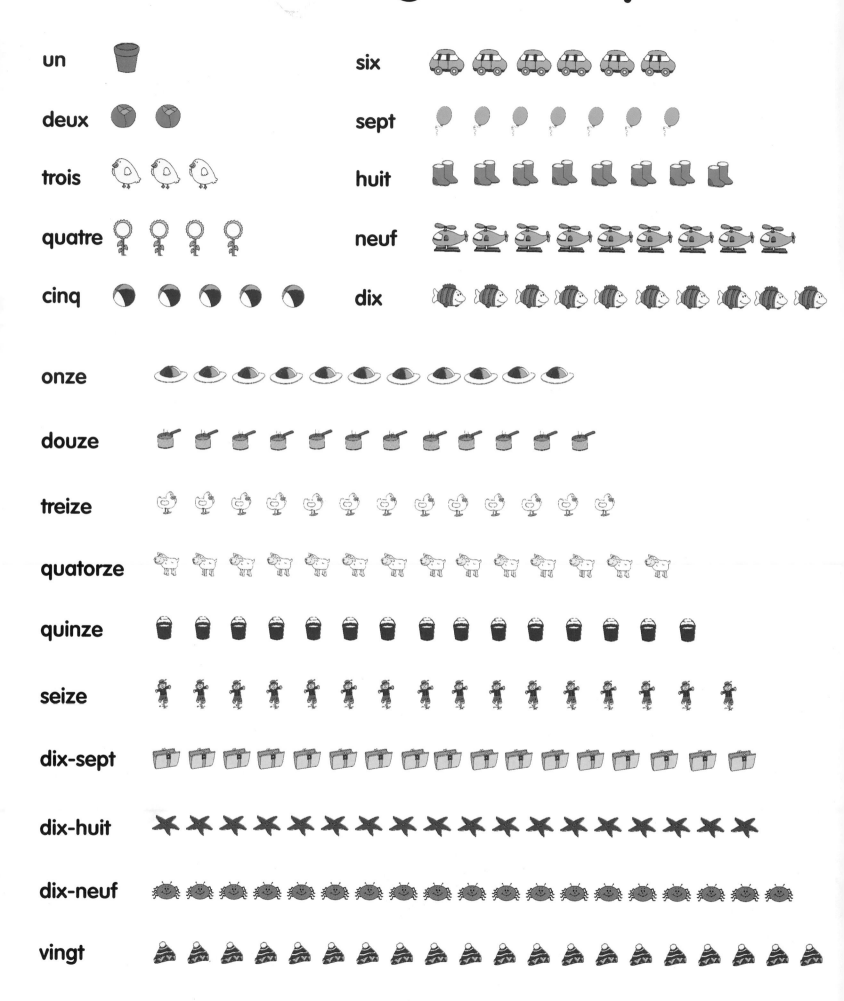

un

deux

trois

quatre

cinq

six

sept

huit

neuf

dix

onze

douze

treize

quatorze

quinze

seize

dix-sept

dix-huit

dix-neuf

vingt

Shapes and Colours

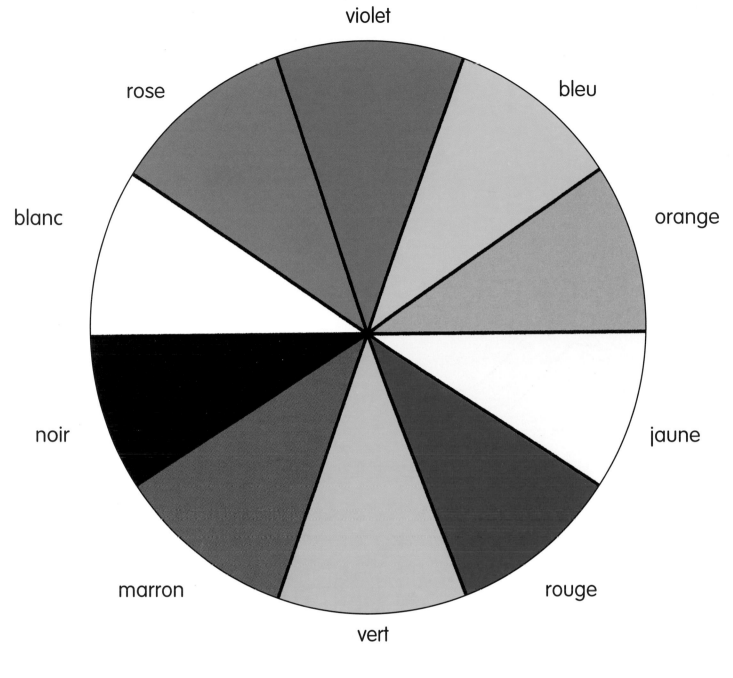

violet

rose

bleu

blanc

orange

noir

jaune

marron

rouge

vert

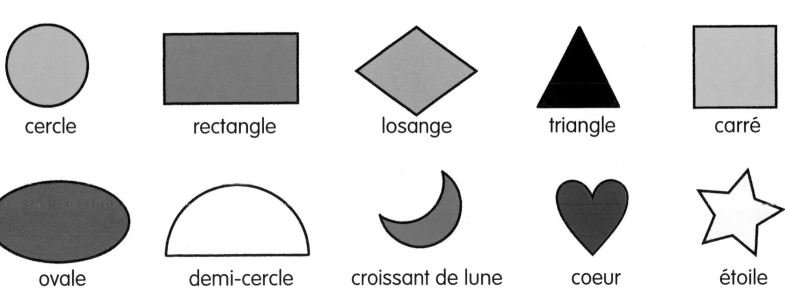

cercle

rectangle

losange

triangle

carré

ovale

demi-cercle

croissant de lune

coeur

étoile

Our Bodies

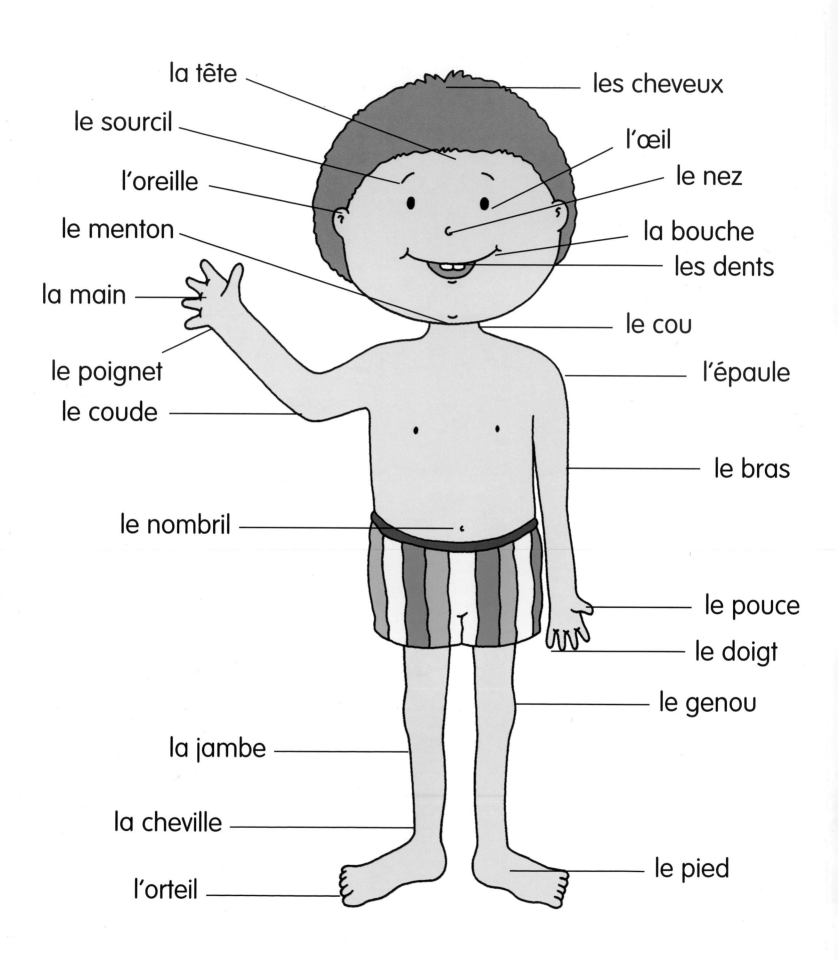

la tête

le sourcil

l'oreille

le menton

la main

le poignet

le coude

le nombril

la jambe

la cheville

l'orteil

les cheveux

l'œil

le nez

la bouche

les dents

le cou

l'épaule

le bras

le pouce

le doigt

le genou

le pied

What am I doing?

je grimpe

je saute

je souffle

je nage

je peins

je m'asseois

je dessine

je fais du patin

je suis debout

je glisse

je creuse

j'écris

je mange

je pousse

je me balance

je me lave

je bois

je dors

Wild Animals

un koala

un gorille

un zèbre

un chameau

un kangourou

un hippopotame

un crocodile

un singe

un raton laveur

un ours

un tigre

un rhinocéros

un lion

un éléphant

un panda

un serpent

un iguane

  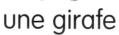   

un ours polaire

une girafe

un castor

une tortue marine

Pets and Birds

une poule

une tortue

un poney

un paon

un vautour

un hamster

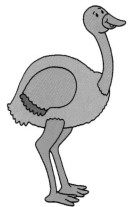
une autruche

un chien

un lapin

un canard

un cochon d'Inde

un perroquet

un poisson

un pingouin

un cygne

une souris

un canari

un chat

un pigeon

Days, Months and Seasons

Lundi child is fair of face.

Mardi child is full of grace.

Mercredi child is full of woe.

Jeudi child has far to go.

Vendredi child works hard for a living.

Samedi child is loving and giving.

But the child that is born on **Dimanche**

Is bonny and blithe in every way.

What season is it?

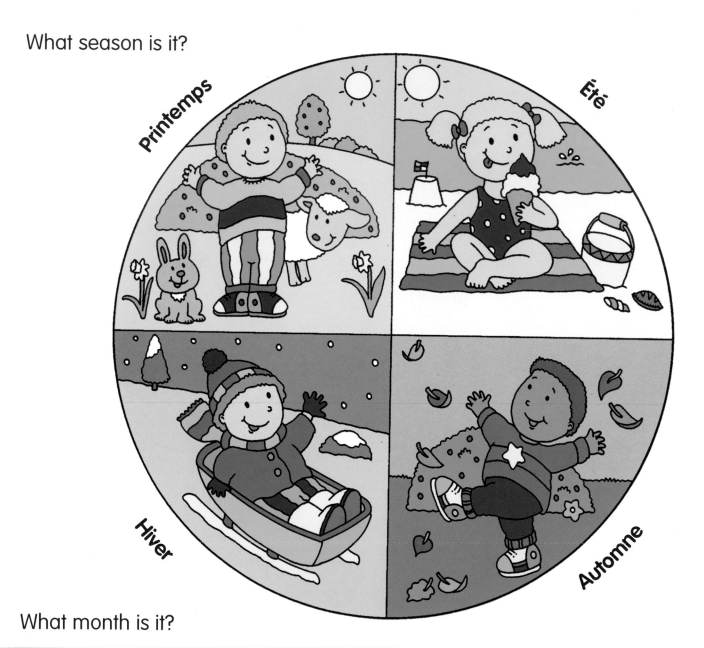

What month is it?

Janvier	Février	Mars	Avril	Mai	Juin
Juillet	Août	Septembre	Octobre	Novembre	Decembre

Opposites

grand  petit

en-
dessous  au-
dessus

dedans  dehors

jour  nuit

monter  descendre

rapide  lent

content   triste

chaud   froid

mou  dur

Getting Dressed

la ceinture

les chaussures

la robe

le chemisier

les chaussettes

la chapeau

le chapeau

la jupe

le pantalon

le manteau

le pull-over

le t-shirt

l'écharpe

le ruban

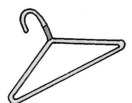

le cintre

le bouton

l'étagère

la salopette

la veste

le porte-
manteau

le short

la commode

la fermeture-
éclair

Learn and Play

la peinture

la maîtresse

les ciseaux

les crayons
de couleur

la colle

le tableau noir

l'horloge

le pinceau

la peinture

le tablier

le dinosaure

la craie

la peinture à l'eau

la table

les craies d'art

le chiffon

la plante

le livre

le papier

At the Beach

un drapeau

une femme

des coquillages

un garçon

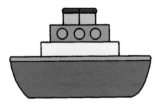

un bateau

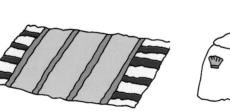

une serviette

des châteaux
de sable

une
mouette

une étoile
de mer

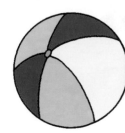

un ballon

un phare

du sable

un homme

des rochers

une fille

un chapeau

des lunettes de soleil

un crabe

un seau

la mer

des algues

une glace

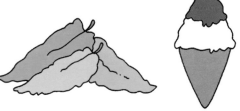
des lunettes
de soleil

At the Shops

le pain

les concombres

les oeufs

le fromage

le lait

les pommes-de-terre

les raisins

le journal

les oranges

la viande

les pommes

les saucisses

la caisse

les poires

le panier

le porte-
monnaie

l'argent

les fleurs

le sac

les carottes

les tomates

le chocolat

les bananes

In the Garden

l'arroseur

la rose

l'arrosoir

la fourmi

le chou

l'arbre

le vase

la tondeuse
à gazon

le gazon

le chat

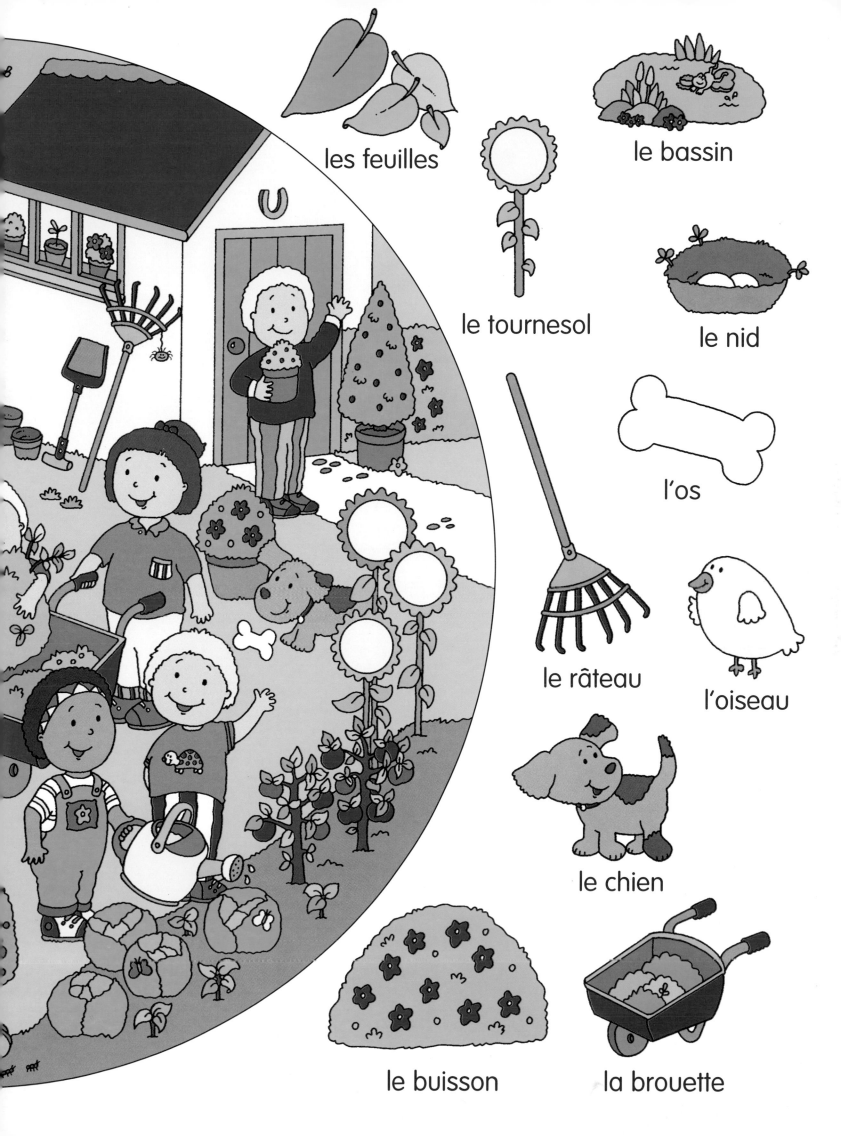

les feuilles

le bassin

le tournesol

le nid

l'os

le râteau

l'oiseau

le chien

le buisson

la brouette

At the Toy Store

un diablotin

une poupée

un ours en peluche

un train

un puzzle

un avion

une voiture

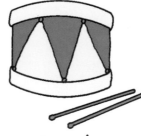

un tambour

un ordinateur

des cubes

un fort

un cheval
à bascule

un camion

un ballon

un yo-yo

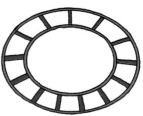
des rails

un clown

une trompette

un hélicoptère

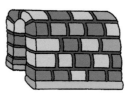
un tunnel

A Rainy Day

des bottes

un pont

un poisson

un parapluie

un nuage

des grenouilles

un oiseau

un bateau

un arc-en-ciel

une nappe

une clôture

une murette

un train

un avion

une casserole

une flaque

un chapeau
de pluie

une tente

un imperméable

On the Farm

un
épouvantail

un cochon

un tracteur

une chèvre

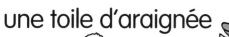

une toile d'araignée

des poussins

un canard

un cheval

un agneau

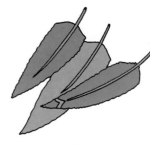

des plumes

une vache

un seau

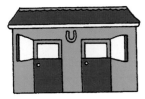
une étable

une dinde

une oie

une selle-à-cheval

une porcherie

une grange

un fermier

un chien

une mare

A Snowy Day

des patins
à glace

des skis

un bonnet

un bonhomme
de neige

des moufles

un rouge-
gorge

des stalactites

un anorak

des boules
de neige

un iceberg

un manteau

une écharpe

des gants

un igloo

des montagnes

des flocons
de neige

un esquimau

une luge

des árbres

On the Riverbank

un poisson

des abeilles

un lapin

des tétards

un seau d'eau

des grenouilles

une canne à pêche

un filet

des papillons

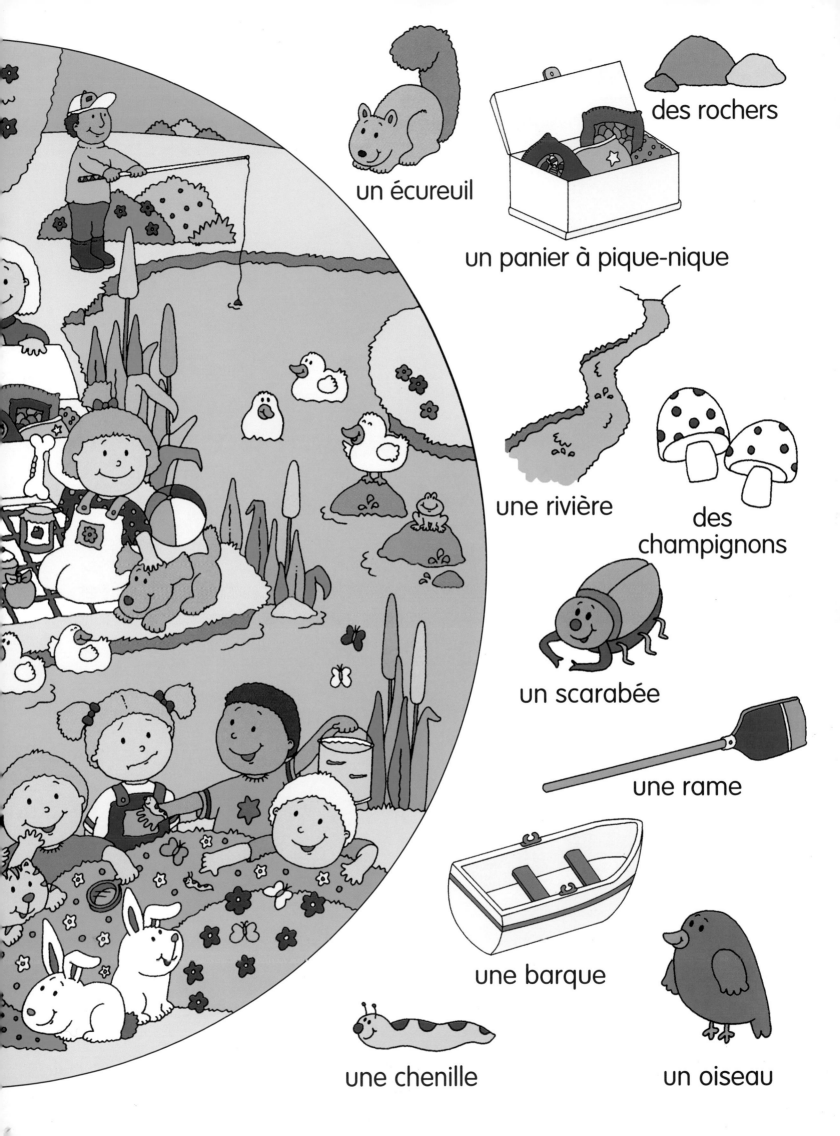

un écureuil

des rochers

un panier à pique-nique

une rivière

des champignons

un scarabée

une rame

une barque

une chenille

un oiseau

At the Park

un cerf-volant

une fontaine

un voilier

une balançoire

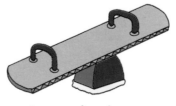
un jeu de bascule

un banc

des billes

une poussette

une trottinette

un toboggan

un vélo

des patins
à roulettes

un ballon

une batte

un bac à sable

In the Kitchen

une cuisinière

de la farine

du beurre

un saladier

une planche à découper

une lave-vaisselle

un rouleau à patisserie

un tablier

une cuillère en bois

un grille-pain

un four à micro-ondes

une chaise

un évier

un verre

une fourchette

une cuillère

un couteau

une tasse

une table

une assiette

The Birthday Party

un gâteau

des sandwiches

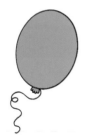

un ballon

des biscuits

des cadeaux

une paille

une glace

des chapeaux

du lait

un collier

des cartes

une bougie

une pizza

du pop-corn

une nappe

un appareil photo

une pizza

Time for Bed

des étoiles

une brosse
à cheveux

un miroir

un peigne

une
baignoire

un savon

une éponge

une serviette

une brosse à dents

du dentifrice

une chouette

des jouets

une photographie

un coussin

un lit

un drap

une lampe

un livre d'histoires

un ours en peluche

des pantoufles

un tapis

Dictionary

Counting to Twenty

un = one
deux = two
trois = three
quatre = four
cinq = five
six = six

sept = seven
huit = eight
neuf = nine
dix = ten
onze = eleven
douze = twelve
treize = thirteen

quatorze = fourteen
quinze = fifteen
seize = sixteen
dix-sept = seventeen
dix-huit = eighteen
dix-neuf = nineteen
vingt = twenty

Shapes and Colours

carré = square
cercle = circle
coeur = heart
croissant de lune = crescent
demi-cercle = semi-circle
étoile = star
losange = diamond

ovale = oval
rectangle = rectangle
triangle = triangle

blanc = white
bleu = blue
jaune = yellow
marron = brown

noir = black
orange = orange
rose = pink
rouge = red
vert = green
violet = purple

Our Bodies

bouche = mouth
bras = arm
cheveux = hair
cheville = ankle
cou = neck
coude = elbow
dents = teeth

doigt = finger
épaule = shoulder
genou = knee
jambe = leg
main = hand
menton = chin
nez = nose
nombril = belly-button

œil = eye
oreille = ear
orteil = toe
pied = foot
poignet = wrist
sourcil = eyebrow
tête = head

What am I doing?

je grimpe = I climb
je saute = I jump
je souffle = I blow
je nage = I swim

je peins = I paint
je m'asseois = I sit
je dessine = I draw
je fais du patin = I skate
je suis debout = I stand
je glisse = I slide
je creuse = I dig

j'écris = I write
je mange = I eat
je pousse = I push
je me balance = I swing
je me lave = I wash myself
je bois = I drink
je dors = I sleep

Wild Animals

castor = beaver
chameau = camel
crocodile = crocodile

éléphant = elephant
girafe = giraffe
gorille = gorilla
hippopotame = hippopotamus
iguane = iguana
kangourou = kangaroo
koala = koala
lion = lion
ours = bear

ours polaire = polar bear
panda = panda
raton laveur = racoon
rhinocéros = rhinoceros
serpent = snake
singe = monkey
tigre = tiger
tortue marine = turtle
zèbre = zebra

Pets & Birds

autruche = ostrich
canard = duck
canari = canary
chat = cat
chien = dog
cochon d'Inde = guinea pig
cygne = swan

hamster = hamster
lapin = rabbit
paon = peacock
perroquet = parrot
pigeon = pigeon
pingouin = penguin
poisson = fish
poney = pony

poule = hen
souris = mouse
tortue = tortoise
vautour = vulture

Days, Months and Seasons

Lundi = Monday
Mardi = Tuesday
Mercredi = Wednesday
Jeudi = Thursday
Vendredi = Friday
Samedi = Saturday
Dimanche = Sunday
Printemps = Spring

Été = Summer
Automne = Autumn
Hiver = Winter
Janvier = January
Février = February
Mars = March
Avril = April
Mai = May
Juin = June

Juillet = July
Août = August
Septembre = September
Octobre = October
Novembre = November
Decembre = December

Opposites

grand = big
en-dessous = under
dedans = in
jour = day
monter = to go up
rapide = fast
content = happy
chaud = hot
mou = soft

petit = small
au-dessus = over
dehors = out
nuit = night
descendre = to go down
lent = slow
triste = sad
froid = cold
dur = hard

Getting Dressed

bouton = button
ceinture = belt
chapeau = hat
chaussettes = socks
chaussures = shoes
chemisier = blouse
cintre = hanger

commode = chest of drawers
écharpe = scarf
étagère = shelf
fermeture-éclair = zip
jupe = skirt
manteau = coat
pantalon = trousers
porte-manteau = hook

pull-over = sweater
robe = dress
ruban = ribbon
salopette = dungarees
short = shorts
t-shirt = t-shirt
veste = jacket

Learn & Play

chiffon = cloth
ciseaux = scissors
colle = glue
craie = chalk
craies d'art = crayons
crayons de couleur = pencils

dinosaure = dinosaur
horloge = clock
livre = book
maîtresse = teacher
papier = paper
peinture = paint
peinture = painting

peinture à l'eau = watercolours
pinceau = brush
plante = plant
table = table
tableau noir = blackboard
tablier = apron

At the Beach

algues = seaweed
ballon = ball
bateau = ship
chapeau = hat
châteaux de sable = sandcastles
coquillages = shells
crabe = crab

drapeau = flag
étoile de mer = starfish
femme = woman
fille = girl
garçon = boy
glace = ice cream
homme = man
lunettes de soleil = sunglasses

mer = sea
mouette = seagull
phare = lighthouse
rochers = rocks
sable = sand
seau = bucket
serviette = towel

At the Shops

argent = money
bananes = bananas
caisse = check-out
carottes = carrots
chocolat = chocolate
concombres = cucumbers
fleurs = flowers

fromage = cheese
journal = newspaper
lait = milk
œufs = eggs
oranges = oranges
pain = bread
panier = basket
poires = pears

pommes = apples
pommes-de-terre = potatoes
porte-monnaie = purse
raisins = grapes
sac = bag
saucisses = sausages
tomates = tomatoes
viande = meat

In the Garden

arbre = tree
arroseur = sprinkler
arrosoir = watering can
bassin = pond
brouette = wheelbarrow
buisson = bush
chat = cat
chien = dog
chou = cabbage
feuilles = leaves

fourmi = ant
gazon = lawn
nid = nest
oiseau = bird
os = bone
râteau = rake
rose = rose
tondeuse à gazon = lawnmower
tournesol = sunflower
vase = flower pot

At the Toy Store

avion = plane
ballon = ball
camion = truck
cheval à bascule = rocking horse
clown = clown
cubes = blocks
diablotin = jack-in the-box
fort = fort
hélicoptère = helicopter
ordinateur = computer
ours en peluche = teddy bear
poupée = doll
puzzle = jigsaw puzzle
rails = track
tambour = drum
train = train
trompette = trumpet
tunnel = tunnel
voiture = car
yo-yo = yo yo

A Rainy Day

arc-en-ciel = rainbow
avion = plane
bateau = boat
bottes = boots
casserole = saucepan
chapeau de pluie = rain hat
clôture = fence
flaque = puddle
grenouilles = frogs
imperméable = rain coat
murette = wall
nappe = tablecloth
nuage = cloud
oiseau = bird
parapluie = umbrella
poisson = fish
pont = bridge
tente = tent
train = train

On the Farm

agneau = lamb
canard = duck
cheval = horse
chèvre = goat
chien = dog
cochon = pig
dinde = turkey
épouvantail = scarecrow
étable = stable
fermier = farmer
grange = barn
mare = pond
oie = goose
plumes = feathers
porcherie = pig sty
poussins = chicks
seau = bucket
selle-à-cheval = saddle
toile d'araignée = cobweb
tracteur = tractor
vache = cow

A Snowy Day

anorak = jacket
arbres = trees
bonhomme de neige = snowman
bonnet = hat
boules de neige = snowballs
écharpe = scarf
esquimau = Eskimo
flocons de neige = snowflakes
gants = gloves
iceberg = iceberg
igloo = igloo
luge = toboggan
manteau = coat
montagnes = mountains
patins à glace = ice skates
rouge-gorge = bird
skis = skis
stalactites = icicle

On the Riverbank

abeilles = bees
barque = boat
canne à pêche = fishing pole
champignons = mushrooms
chenille = caterpillar
écureuil = squirrel

filet = net
grenouilles = frogs
lapin = rabbit
oiseau = bird
panier à pique-nique = picnic basket
papillons = butterfly
poisson = fish

rame = oar
rivière = river
rochers = rocks
scarabée = beetle
seau d'eau = jar
têtards = tadpole

At the Park

bac à sable = sandbox
balançoire = swing
ballon = ball
banc = bench
batte = bat
billes = marbles
cerf-volant = kite

fontaine = fountain
jeu de bascule = see-saw
patins à roulettes = skates
poussette = buggy
toboggan = slide
trottinette = scooter
vélo = bicycle
voilier = boat

In the Kitchen

assiette = plate
beurre = butter
chaise = chair
couteau = knife
cuillère = spoon
cuillère en bois = wooden spoon
cuisinière = stove

évier = sink
farine = flour
four à micro-ondes = microwave
fourchette = fork
grille-pain = toaster
lave-vaisselle = dishwasher
planche à découper = chopping board
saladier = mixing bowl

table = table
tablier = apron
tasse = cup
verre = glass

The Birthday Party

appareil photo = camera
ballon = balloon
biscuits = cookies
bougie = candle
cadeaux = presents

cartes = cards
chapeaux = party hat
collier = necklace
gâteau = cake
glace = ice cream
lait = milk

nappe = tablecloth
paille = straw
pizza = pizza
pop-corn = popcorn
sandwiches = sandwiches

Time for Bed

baignoire = bathtub
brosse à cheveux = brush
brosse à dents = toothbrush
chouette = owl
coussin = pillow
dentifrice = toothpaste
drap = sheet

éponge = sponge
étoiles = stars
jouets = toys
lampe = lamp
lit = bed
livre d'histoires = storybook
miroir = mirror
ours en peluche = teddy bear

pantoufles = slippers
peigne = comb
photographie = picture
savon = soap
serviette = towel
tapis = rug